13 Etapes pour trouver Le
job Idéal

# En moins d'un

# mois

## Sommaire:

# Introduction

*« Je me nomme Gabriel Josephson, et suis coach en développement personnel depuis maintenant plus d'une dizaine d'années au sein de L'Institut IH. J'ai développé une méthodologie unique et contemporaine, qui me permet d'exploiter les ramifications du développement personnel dans des domaines liés à la vie de tous les jours.*

*Je vous propose par la lecture de ce manuel, de découvrir les treize étapes qui vous permettrons de trouver un emploi en moins d'un mois. »*

## 1) **Maitrisez votre réputation et visibilité internet**

De nos jours, quel est le premier réflexe que peut avoir un recruteur, ou vous-même, lorsque vous êtes contacté par un inconnu, et que vous désirez vous renseigner sur cette personne ? Une méthode très simple et très utilisée est de taper le nom de cette personne sur les moteurs de recherche les plus connus et consulter les résultats.

Cette étape peut être éliminatoire. Si vous en avez conscience, vous pouvez maitriser votre image et votre réputation internet. Commencez dans un premier temps par taper votre nom sur les moteurs de recherche, et examinez la nature de résultats qui en ressort. Est-ce que cette image vous met en valeur ? Correspond-telle aux standards d'image des entreprises dans lesquelles vous allez postuler ?

Si vous retrouvez un clicher de noël dernier, ou l'on vous voit montrer vos fesses au restaurant, prenez immédiatement les mesures nécessaires. Le recruteur en ferait de même. Quel que soit votre domaine professionnel, considérez que vous êtes un dirigeant. Vous êtes le dirigeant de votre vie, et vous devez gérer tous les aspects de votre image publique, de même que le ferait n'importe quelle entreprise pour protéger et promouvoir sa marque.

Si vous avez récemment posté et en signant de votre nom des messages ou des articles sur des forums, assurez-vous qu'ils restent « politiquement correctes », et que vos idées ne risqueraient pas de rentrer en conflit avec l'activité que vous pourriez faire dans une entreprise. Je recommande de faire une première recherche sur le moteur de Google, et d'examiner au moins les trois premières pages de résultats.

Une fois que vous avez vérifiez et nettoyer les documents qui pourraient être dégradant pour votre image et celle de votre future entreprise, passez sur la rubrique Google image. Faite de même, vérifiez sur au moins trois pages que vous n'avez laisse sur la toile aucune photo à caractère indignant.

Maintenant que l'étape de nettoyage est terminée, pourquoi ne pas offrir un petit lifting a votre réputation internet ? La meilleure tactique c'est l'attaque. Ne vous contentez pas d'effacer les traces compromettante sur internet, remplacez les par des éléments de self-promotion. Soyez proactif, pensez comme un chef d'entreprise ou un manager marketing. Créer vous une forme de pro-blogging en ligne, par exemple sur les réseaux sociaux professionnels, comme LinkedIn.

Placez-y un cv en ligne, formaté pour une lecture rapide et claire. Nous verrons plus tard dans la rubrique approprié, comment construire un cv accrocheur. Faite en sorte d'avoir des personnes valorisante pour votre image dans votre liste de contact. Inutile d'y ajouter votre ami de fac qui fait de l'art conceptuel, ou miss Debora Chen Wu Hang, spécialiste en recrutement international et qui vous envoie une cinquantaine d'offres d'emploi fictives par jours. Cherchez plutôt à « networker » des contacts chauds ou tièdes, de personnes qui travaillent dans le même milieu que le vôtre, voir dans une branche spécialisée correspondant à un parcours d'évolution qui pourrait être le vôtre.

Par exemple, si vous êtes commercial, mettez-vous en relation avec des Sales Directors, des ingénieurs commerciaux avant-vente, des Partner managers, des directeurs marketings etc...

Choisissez aussi des contacts issus d'entreprise dans lesquelles vous pourriez avoir votre place. Affichez une cohérence dans votre liste de contact. En observant vos « amis », le recruteur doit comprendre qui vous êtes. Ou du moins, pour qui vous voulez paraitre. Il y a aussi des options qui permettent de s'inscrire à des groupes de discutions a thème. Inscrivez-vous dans trois ou quatre groupes qui symbolisent un intérêt pour votre milieu professionnel.

Trouvez ainsi deux ou trois réseau sociaux professionnels sérieux ou vous pouvez afficher une présence passive. Inutile de prendre pare a des discutions ou argumentations publiques, vous risqueriez de vous faire remarquer de la mauvaise manière. Les personnes d'influences qui postent des sujets de discussions sur ses espaces publiques, sont souvent déjà employées, et on la responsabilité de passer un message à travers ces discutions. Venir transformer cette dynamique en discussion philosophique de bar ne représente aucun intérêt pour vous.

Essayez plutôt d'en tirer des informations qui pourraient vous servir plus tard, et gardez les précieusement. Maintenant que votre vie professionnelle est accessible aux recruteurs, et si vous voulez maximiser vos chances d'en séduire un avant même le jour de l'entretien, pensez également à travailler votre image et votre visibilité personnelle. Ce n'est pas une étape obligatoire, mais c'est une tactique passive qui peut s'avérer très efficace. Le but étant de trouver un emploi en moins, d'un mois, autant mettre toutes les chances de votre côté. La tactique est la suivante. Afin de ne pas paraitre trop parfait, ou trop calculateur dans le contrôle de votre image, vous pouvez laisser transparaitre des informations supposément personnelles.

Evidemment, vous devez contrôler et orienter ces informations personnelles que vous laissez « fuiter » de manière a toujours orienté le recruteur vers la visions que vous voulez qu'il ait de vous. Dans l'exemple ou vous seriez directeur commercial a la recherche d'une nouvelle opportunité, inutile de poster des photos de vos Garden party et dinez mondains entre amis, ou encore la photo de la plus grande file d'attente que vous ayez du faire aux Assedic.

Restez focalisé sur ce que vous devez valoriser.

Vos capacités sociales, votre potentiel en networking. Vous devez laisser paraitre que vous utilisez cette période de chômage à bon escient, en mêlant plaisir et utilité professionnelle. Par exemple, il serait plus utile pour vous de poster quelques photos du dernier salon de l'import/export auquel vous avez assisté à Dubaï, avec une petite annotation humoristique :

-   « Salon très intéressants, nombreux contacts, je suis impatient de pouvoir faire profiter une maison mère de mon nouveau carnet d'adresses... »

De cette manière, vous démontrez que vous n'êtes pas reste cloitré chez vous pendant cette période de chômage, et que vous savez rebondir positivement à des situations de crise, ce qui est particulièrement recherché de nos jours, dans tous les domaines professionnels. Vous démontrez également une certaine hygiène de vie personnelle, puisque cette vitrine sociale, est censée représenter votre intimité, et donc ne sera pas considéré comme une approche de démarchage directe.

Pensez aussi à laisser filtrer d'autres informations moins « formatées ». Par exemple, une photo de vous en « papa-poule » avec vos enfants, en train d'assister à un spectacle au cirque, en mangeant de la barbe à papa. Ou si vous êtes plus jeune, et sans enfants, n'hésitez pas à montrer des photos à caractère positif et énergique. Des vacances au ski, des photos de balades en forets, et bien sûr inventez-vous une passion telle que le dessin ou la musique. Ne prétendez pas être Picasso ou bac, mais juste un amateur passionné et émerveillé par des choses simples de la vie.

Si vous ne disposez pas de photos de vous dans ses situations, que vous êtes au chômage, et que vous lisez ce livre, vous savez ce qu'il vous reste à faire pour cette semaine. Si vous n'avez aucune présence internet, et donc aucun contrôle sur votre image publique, il est temps de vous y mettre. Tout ceci doit être mis sur pied en moins de 5 jours ouvrés. Vous devez commencer à postuler à des annonces même si votre image publique n'est pas encore prête. Cela accentuera la pression sur vous-même, et vous motivera a être plus réactif.

Maintenant que vous avez modifié, amélioré ou même créé de toute pièce votre réputation internet, vous pouvez passer à l'étape suivante *« Faite rapidement le point sur vos compétences et ambitions de carrière ».*

## 2) Faite rapidement le point sur vos compétences et ambitions de carrière

Avant de commencer à postuler, vous devez faire le point.

Que désirez-vous faire dans la vie de manière générale ? Quelles sont vos priorités absolues dans l'instant présent ? L'argent, le confort de travail, les acquis, la formation professionnelle ? Le lieu géographique de l'entreprise, l'accessibilité par les transports ?

Evidement tous ces points sont importants, mais vous comprendrez qu'avant de trouver le « job idéal », vous devrez parfois chercher un peu, cumuler des expériences et ajuster le tir. Il faut donc vous demander quelle est votre priorité absolue dans l'instant présent et focaliser en premier sur celle-ci. Vous devez également faire le point sur vos compétences, car il faut pouvoir avoir des exigences réalistes par rapport à ce que vous pourrez apporter à votre future société, que ce soit en termes de productivité, rentabilité, expérience, et aptitudes sociales.

Evaluez-vous de manière objective, en prenant pour référence votre expérience personnelle. Parmi les sociétés dans lesquelles vous avez travaillé, à quel niveau estimez-vous vos aptitudes professionnelles en comparaisons de vos collègues ? Avez-vous souvent eu des remarques positives de la part de vos supérieures ? Etiez-vous apprécié et respecté par vos collègues grâce à votre professionnalisme ?

Qu'avez-vous de plus que les autres ? Que pourriez-vous apporter de plus que les autres en travaillant sur vous-même ?

Une fois que vous avez établis votre niveau dans la pyramide des compétences, estimez les conditions de travail que vous jugez correctes et attractives par rapport à votre secteur, et imaginez un profil de société dans lequel vous auriez la possibilité de vous épanouir. Connaissez-vous déjà des sociétés qui correspondent à ce profil ? Peut-être des sociétés très connues dont vous auriez vu la publicité a la télévision, peut-être une grande enseigne de laquelle vous êtes client depuis votre enfance (alimentation, vêtement, livres, jeux, etc...).

Au début de votre recherche (les dix premiers jours ouvrés), vous allez uniquement focaliser sur les « TOP Ten ». Les TT sont les dix meilleures annonces (sellons vos propres critères de choix) que vous trouverez quotidiennement sur l'ensemble de vos sources de recherches d'offres d'emploi. Quel que soit le nombre de propositions qui puissent vous correspondre, ne focalisez que sur les dix meilleurs d'entre elles au début.

Il vaut mieux une frappe chirurgicale que du racolage passif de masse. Vous ne recherchez qu'un seul poste, le job idéal. Dans votre phase TOP Ten, focalisez sur un travail vertical. Ne sautez pas du coq à l'âne. Pensez chaque phase de votre approche, abordez la avec beaucoup de soin et de tact, afin que le recruteur vous permette de passer aux étapes suivantes du processus de recrutement. Ainsi, développez votre TT de manière verticale, en ayant l'entretien face à face comme objectif suprême.

Ne perdez pas le fil de vos approche, notez toutes vous relances et envoies d'emails en conservant les files de conversations et en ajoutant des notes sur l'interlocuteur et la raison pour laquelle vous l'avez contacté.

Faite des comparatifs constant entre les profils de postes et de sociétés qui vous intéressent et établissez une liste de qualités personnelles et professionnelles que vous pouvez apporter à la société. Allez chercher ses qualités au fond de vous-mêmes, en vous remémorant des expériences du passé, même parfois liés à l'enfance, ou vous avez dû faire preuve de responsabilité, de courage, de tempérance, de calme, de capacité a collaborer en équipe pour atteindre un objectif.

Valorisez ces expériences à vos propres yeux et convertissez-les en atouts professionnels en rapport avec le poste que vous recherchez. Imaginez les ingrédients de ces expériences qui peuvent plaire à un recruteur et placez-les en évidence dans votre argumentation écrite et orale. Il est inutile et je déconseille même de « s'entrainer » devant un miroir ou devant un public d'amis. Il ne s'agit pas de jouer un rôle, mais d'abord de comprendre qui vous êtes réellement, et de pouvoir retranscrire votre personnalité dans vos paroles et dans vos actes.

La plupart des candidats auront du mal à se plier à cet exercice d'autocritique, et si vous vous-y entrainez et apprenez à le maitriser, vous aurez un avantage de séduction par rapport à vos concurrents qui veulent le même poste. Préparez-vous à l'avance à devoir répondre aux questions clefs qui intéressent les recruteurs.

- Combien d'années d'expérience avez-vous dans le domaine ?
- Qu'est-ce qui vous a mené à ce métier/cette passion ?
- Quelles qualités personnelles avez-vous à apporter à ce métier/ à cette société ?
- Quelles qualités professionnelles avez-vous à apporter à ce métier/ à cette société ?
- En quoi votre parcours professionnel est 'il cohérent avec votre ambition ?
- Dans quelle direction professionnelle souhaitez-vous aller ?
- Comment vous projetez-vous dans le futur ?

- Quel sont vos defaults personnel et professionnels ?
- Pourquoi avez-vous quitté votre société précédente ?
- Qu'avez-vous fait durant la période de votre rupture de contrat et aujourd'hui ?
- En quoi cette société/ce poste, vous conviendrait 'il mieux que votre précédente activité ?
- Quelles leçons avez-vous tiré de votre précédente expérience ?
- Que diriez-vous de votre ancien supérieur ?
- Que pourrait-il dire de vous ?
- Que pensent vos collègues de vous ?
- Quelles sont les questions techniques inhérentes à votre métier qui vous semblerait les plus complexe à répondre ?
- Quel est votre réaction face au stress ?
- Avez-vous une aisance relationnelle avec vos collègues et clients ?
- Quel était le montant de votre précédant salaire ?
- Quelles sont vos prétentions salariales pour ce poste ?
- En dessous de quel salaire refuseriez-vous ce poste ?

- Pourquoi devrais-je vous recruter vous plutôt qu'un autre ?
- Pourquoi avez-vous postulé chez notre société plutôt qu'une autre ?
- Avez-vous des questions à poser sur notre société ou le poste que nous vous proposons ?
- Avez-vous quelque chose à ajouter pour conclure ?

Lorsque vous êtes capable de répondre à toutes ces questions personnelles, préparez-les sous formes d'argumentaire, comme si vous vouliez vous vendre comme un produit en quelque sorte.

Apprenez à vous « raconter » comme si vous racontiez une histoire, la vôtre, celle de votre biographie professionnelle. Cette histoire ne doit pas être lissée et parfaite. Elle doit retranscrire toutes les émotions par lesquelles vous êtes passé au cour de votre vie. Vous devez transformer votre parcours professionnel en une histoire trépidante, ou vous retranscrivez les hauts et les bas, la manière dont vous avez su rebondir et aller de l'avant.

Votre histoire doit inspirer de la cohérence, une évolution, et de la dévotion.

- La cohérence doit être travaillée en utilisant de bonnes transitions entre vos expériences, en expliquant pourquoi votre parcours est logique et en quoi il correspond à votre ambition personnelle, tout en apportant une valeur ajoutée aux sociétés pour lesquelles vous avez travaillé.

- L'évolution doit être démontrée par une progression dans votre cv, par une prise de responsabilité de plus en plus importante au fils des années et de vos expériences cumulées. Si vous avez eu des retours en arrière, des années de votre carrière ou vous avez visiblement régressé dans vos responsabilités ou dans le prestige de votre poste, présentez le différemment afin qu'il ne donne pas cette impression, et si cela s'avère impossible, supprimez cette expérience de votre cv.

- La dévotion est directement rattachée à la cohérence de votre carrière. Plus vos expériences professionnelles ont un rapport de logiques entres elles, et plus vous paraitrez passionné par votre domaine de travail. Au contraire, si vous laissez paraitre que vous avez toujours sauté sur le premier job d'été disponible, vous paraitrez matérialiste et indécis dans votre approche. Arrangez-vous pour présenter votre carrière comme ayant été construite toujours autour du même fil conducteur. A vous de trouver ce point commun qui relis entre elles toutes vos expériences professionnelles.

Lorsque vous avez bétonné votre argumentaire, vous vous connaissez déjà mieux, et vous n'avez donc plus besoin de jouer un rôle. Vous savez les questions que les recruteurs vont vous poser, vous savez de quelle manière vous allez y répondre. Vous êtes donc prêt à vous présenter à un entretient face à face pour aller raconter votre histoire et vous vendre.

Néanmoins, tout ne tourne pas autour de vous, le candidat.

Il s'agit également de faire bonne figure au niveau des compétences requise. Chaque offre d'emploi sera différente car elle reflète les besoins uniques de chaque société à un moment donné. Il faut donc préparer une phase cruciale de l'entretient face à face qui va être la discussion du poste à proprement parler, et de vos aptitudes. Cette phase se prépare « à la tête de l'annonce ». Il est une erreur commune que font les débutants, qui est d'envoyer le même cv pour toutes les offres d'emploi, et de passer des heures à sur-travailler leur lettre de motivation.

Nous allons passer en revue cette erreur de stratégie et je vais vous expliquer la bonne démarche à suivre dans l'étape suivante, *« Repérez les offres d'emplois intéressantes ».*

## 3) __Repérez les offres d'emplois intéressantes__

Au début de votre recherche (dix premier jours ouvrés sur un délai d'un mois), vous allez focaliser uniquement sur les offres qui sont explicitement intéressantes pour vous. Si votre premier critère est le salaire, ne postulez qu'aux annonce qui correspondent à votre idéal, voire un peu plus. Ne vous intéressez pas tout de suite à celle qui ne précisent pas le salaire. Vous avez encore un peu de temps devant vous avant d'aller jouer au blind test.

Si vous êtes quelqu'un qui aime l'indépendance, repérez bien le descriptif de poste. Est-ce qu'on vous parle de supervision, de résistance à la pression, et de rapport à chaque entre-ligne ? Laissez tomber, ce type de descriptif sert à faire comprendre implicitement que les conditions de travail et objectif fixé par la supervision sont difficiles à supporter.

Vous recherchez des horaires plus confortables ? Ne répondez pas aux annonces ou l'on vous demande de la flexibilité, ou l'on requiert de vous une mentalité non 9to5, ou l'on vous parle de dynamisme dans le planning et d'un poste non routinier dans le rythme de travail. Le message est clair, il faut être disponible quand on vous le demande.

Le salaire est votre objectif principal ? Evitez dans un premier temps les annonces ou vous détectez des commentaires comme : salaire en fonction de l'expérience, salaire en moyenne du marché, salaire variable attractif, possibilité d'évolution salariale etc...Lorsque 'une société a réellement quelque chose à offrir à ses employés, elle le fait. Elle n'y fait pas référence dans des promesses ambiguës et difficilement interprétables.

Je pourrais citer des tas d'autres exemples généraux de la sorte, mais le plus important est que vous appreniez à lire entre les lignes, et comprendre les messages que veulent vous faire comprendre les recruteurs. Ils ne peuvent pas non plus toujours s'exprimer ouvertement dans les annonces a causes des lois contre la discrimination, le sexisme , et d'autre critères, c'est pourquoi il le font avec tact, et sous-entendus.

Leur but est d'éviter de perdre du temps à faire passer un entretien à un candidat qui n'aurait pas vraiment compris les tenants et les aboutissants du poste, ce qui ferait perdre leur temps au recruteur et au candidat.

Concentrez-vous sur le TOP Ten, des offres explicites, qui détaillent très clairement les aptitudes requises, l'expérience nécessaire, la tranche de salaire et les conditions de travail.

Evitez dans un premier temps de faire affaire avec les agences de recrutement. Il est difficile de faire le tri entre les agences sérieuses et celle qui ne le sont pas. Les agences sérieuses ont du travail à vous offrir, celle qui ne le sont pas, cherche à remplir leur base de donnée de cv pour aller les revendre au plus offrant, pour démarcher leur propre clients (les entreprises), pour améliorer leur stats publiques (base de données), et justifier de leur productivité en matière d'entretien.

En général, les agences non sérieuses, vont appâter les candidats avec des annonces qui pourraient être qualifiées parfois de mensongères. En effet, une agence de recrutement informatique par exemple, peut utiliser sa base de donné très faible en offre d'emploi, pour rédiger eu même leurs annonces et donc modifier le contenu délivré par l'employeur. Ils ne vous donneront aucuns détails sur le nom du client final, sur les tâches à accomplir, et les dates d'embauches. En revanche, ils chercheront à tout prix à vous convoquer a un entretien, même si il n'on actuellement aucun poste à vous proposer, et même si ils en savent très peut sur votre expérience professionnel.

Si vous avez affaire a ce genre de comportement, ne perdez pas votre temps et votre motivation à donner suite à leur convocation, ignorez les simplement, vous pourrez y revenir plus tard, si vous arrivez dans la zone rouge sans avoir de piste sérieuse, mais je reviendrais plus tard sur cette notion de timing et de zone rouge.

Utilisez tous les moteurs de recherche d'emplois possible pour constituer votre TOP Ten. Prenez garde à ne pas envoyer deux fois la même candidature a une entreprise, celle-ci utilisent parfois plusieurs moteurs de recherches pour poster la même annonce.

Envoyez votre cv aux annonces les plus fraiches en premier, celle qui date du jour même, ensuite de la semaine, et du mois. Celle qui sont trop vielle sont probablement des annonces bidons (agence de recrutement pas sérieuses), ou très peu intéressantes (salaire et conditions de travail peut attractifs). Laissez votre email, et votre numéro de téléphone portable. Vous devez être préparé à recevoir le coup de fil d'un recruteur, ils aiment bien discuter au téléphone avant d'accorder un entretien face à face. Cela leur permet de vérifier rapidement et a moindre de frai, que vous valez la peine de planifier un entretien, que vous savez vous exprimer, vous présenter rapidement au téléphone, et être assez sur de vous.

Préparez une messagerie vocale correcte et dynamique, dans un format professionnel correspondant au profil du poste que vous recherchez. Faite la courte et accueillante. Lorsque vous recevez le coup de fil d'un recruteur pour la première fois, ne répondez pas, notez le numéro qui s'affiche. Vous pouvez espère qu'il laisse un message, afin que vous puissiez vérifier de quelle société il s'agit, et mieux préparer votre argumentaire.

Néanmoins, ils le savent, et donc préfèrent en général ne pas laisser de message et vous prendre à l'improviste. C'est pourquoi il est important de pouvoir relever le numéro de celui qui vous appel, pour ensuite aller le taper sur un moteur de recherche et vérifier de quelle société proviens le coup de téléphone. Une fois la société en question identifié, vérifiez l'offre d'emploi qui correspond, et préparez votre « discours de vente ».

Je vais vous expliquer comment préparer votre discours de vente dans l'étape suivante, *« Transformer vos points faibles en points forts ».*

## 4) Transformer vos points faibles en points forts

Comme tout le monde, vous avez des points faibles. Ceux-ci peuvent être relationnels, techniques, ou personnels. Ils peuvent aussi être liés à des complexes de parcours comme les périodes creuses entre deux emplois, les postes sous-évalués par rapport à votre profil, ou des licenciements pour absentéisme, faute grave, ou autres.

Passez en revue chacun de vos traits de personnalités, chaque expérience professionnelle, et détectez chaque élément qui pourrait constituer un point faible pour vous, ou pour votre argumentation. Listez ces points faibles. Passez les en revue un a un, et imaginez toutes les questions et toutes les attaques directes et indirectes que vous pourriez subir à ce sujet. Préparez une parade à chacune de ces attaques. Ces parades ne doivent pas avoir l'air de vous mettre sur la défensive. C'est pourquoi il faut contre-attaquer et non ce se défendre. La seule manière de pouvoir le faire, est de trouver un point fort en chacun de vos points faibles, et de le présenter comme étant une qualité humaine.

Par exemple, si vous avez régulièrement changé de société ces dix dernières années, et que le recruteur commence à vous questionner, et à vous demander pourquoi vous n'avez pas été plus stable, ou plus fidèle, présentez-le comme ceci :

Expliquez que vous avez souvent été confronté à des situations ou les recruteurs vous targuent de ne pas avoir assez d'expérience professionnelle pour tel ou tel poste que vous auriez essayé d'obtenir par le passé. Expliquez que vous avez été sensible et réactif à ces critiques, et que vous avez donc décidé de gagner de l'expérience en saisissant les opportunités qui se présentaient à vous. Expliquez que grâce à ce dynamisme, vous êtes capable aujourd'hui de vous adapter à n'importe quel environnement, que vous êtes capable de vous intégrer rapidement et de comprendre la philosophie d'une société.

Vous pouvez également souligner que la flexibilité est une valeur nécessaire à l'économie d'aujourd'hui, et que vous êtes apte à accepter le changement à l'intérieur d'une organisation, ce qui intéresse beaucoup les chefs d'entreprise d'aujourd'hui pour des raisons économiques.

Trouvez ainsi une belle offensive pour masquer chacun de vos point faible, et de les transformer en points forts. Vous pourrez ainsi sauver la face pendant les phases difficiles de l'entretient, ou le recruteur cherchera à vous déstabiliser, pour observer votre réaction en situation difficile. Il joue le rôle du client difficile qui cherche a se faire convaincre par le vendeur. A vous de prendre le rôle de vendeur, et de ne pas vous laisser mener pendant l'entretient, et ne pas vous refugier dans la passivité de répondre aux questions sans y ajouter votre touche personnelle.

Une fois que vous avez la parade a chacun de vos points faibles, trouver une manière logique et cohérente de l'intégrer a votre « histoire ». Vous pouvez ainsi anticiper certaines questions difficiles, en prenant les devants avant même que l'on vous pose la question. Attention toutefois à ne pas déballer toutes vos cartes avant la fin du jeu. Il faut que votre défiance soit proportionnée à l'attaque. Si vous faite un exposé de trois heure sur une question difficile du recruteur, celui-ci comprendra que vous n'êtes pas sur de vous, et que vous cherchez à en faire trop pour bien faire. Lorsque vous êtes fin prêt à vous confronter face à face à un recruteur, il faut maintenant créer un cv qui accroche, pour être repéré parmi les autres candidats. Je vais vous l'expliquer dans l'étape suivante, « Rédigez un cv qui accroche ».

## 5) Rédiger un cv qui accroche

Pour vous faire repérer il faut que votre cv communique très rapidement au recruteur votre expérience professionnelle, votre personnalité, et vos aptitudes par rapport au poste. Il faut donc que votre cv soit très lisible, aéré, et condensé. Il ne s'agit pas de faire croire que vous êtes bon en tout, mais au contraire, que vous avez spécialement les qualités nécessaires, ni plus, ni moins. Les recruteurs ne veulent pas de « monsieur je sais tout » qui vont causer des problèmes au management, et qui vont finir par quitter la société par manque de reconnaissance.

Ils ne veulent pas non plus de « chiffes moles » qui ne prennent aucunes initiatives, et qui ne jouent pas le jeu de l'entreprise. Afin de cibler votre expérience et de designer votre cv au mieux, calquez-vous sur le format de l'offre d'emploi. Voici trois critères que vous pouvez analyser systématiquement :

- **Quel sont les termes qui ressortent le plus souvent dans le descriptif de poste ?** *Faite les ressortir au moins trois fois dans votre cv.*

- **Quel sont les expériences professionnelles requises pour le poste?**
  *Mettez-les en avants, même si ce ne sont pas vos expériences les plus récentes.*

- **Quel sont les termes dc jargons les plus employés dans votre secteur professionnel ?**

*Utilisez des mots clefs de jargons couramment utilisés dans votre secteur, et disséminez-les un peu partout dans vos descriptifs d'expériences.*

Placez vos expériences les plus récentes en haut de cv, les plus anciennes en bas. Utilisez maximum deux tons de couleurs, de police, et de taille. Si vous travaillez dans un secteur spécialisé et que vous ressentez le besoin de détailler votre expérience, faite-le dans une version longue de votre cv que vous pourrez proposer ultérieurement au recruteur, si celui-ci donne suite à votre candidature.

Ne cherchez pas à donner un aspect particulièrement design, ou fantaisie, voir même humoristique a votre cv, c'est inapproprié et c'est une perte de temps. En effet, l'entretient face à face a justement pour but d'évaluer votre personnalité de manière plus globale, c'est à cette occasion que vous devez en profiter pour nouer un contact humain. Votre cv doit rester sobre et professionnel.

Vos descriptions de poste doivent être des « success-story », des « business-case », pas une liste de course longue et ennuyeuse à lire. Utilisez des termes corporate inhérents à votre fonction, gardez une certaine dynamique dans l'exposé de vos expériences. Elles doivent être racontées et présentées comme des « aventures corporates », et non pas comme des jobs alimentaires que vous trainez comme un boulet derrière vous.

Citez les chiffres de la société et ses résultats s'ils sont positifs. Vous associerez de manière subliminale ces marqueurs de succès à votre passage dans le service. N'hésitez pas à faire du name dropping et à parler des projets spéciaux auxquels vous avez contribué durant votre carrière. Surtout s'il s'agit de gros projets ou d'évènements médiatiques, n'hésitez pas à y associer votre nom, même si vous n'y avez participé qu'en tant que partenaire, direct ou indirect.

Orientez chacune de vos expériences dans une optique de compatibilité avec le poste qui vous intéresse. Répétez ce processus de modification à chaque fois que cela est nécessaire, en fonction des critères de l'annonce. Passez autant de temps qu'il est nécessaire à construire votre cv. La lettre de motivation est une étape formelle, mais néanmoins obligatoire. Il est inconcevable de postuler sans lettre de motivation. Néanmoins, il serait très long et contraignant de devoir refaire une lettre de motivation pour chaque annonce. Nous allons donc voir comment en créer une suffisamment standard pour être réutilisée dans toutes les situations.

C'est ce que nous allons voir dans l'étape suivante, « Rédiger une lettre de motivation passe-partout ».

## 6) Rédigez une lettre de motivation passe-partout

Une lettre de motivation est une forme d'introduction formelle qui accompagne l'envoie de votre cv. Elle est requise par politesse, plus que par valeur promotionnelle. Vous devez employer un ton neutre, intéressé et formel. Ne tombez pas dans le piège de l'emballement motivationnel. C'est une erreur de jeunesse de vouloir prouver sa motivation dans cette lettre d'accompagnement. Vous devrez prouver votre motivation par votre argumentation lors de l'entretien face à face.

D'ailleurs, l'aspect motivationnel doit rester très secondaire. Il doit sembler évident pour le recruteur et pour vous-mêmes, que vous êtes motivé.

La lettre de motivation doit expliquer en quelques lignes, les raisons pour lesquelles vous êtes intéressé par l'annonceur, ainsi que la société. Elle doit donner l'envie au recruteur d'aller chercher plus d'information sur vous en consultant votre cv. Si vous avez correctement suivis les étapes précédentes, vous êtes capables de trouver un fil conducteur commun à toutes les offres d'emplois auxquelles vous allez postuler.

Rédigez votre lettre autour de cet argumentaire standard, et changez quelques variables adaptés au contexte.


Exemple :

- « Monsieur, Madame, j'ai pris connaissance de l'offre d'emploi que vous avez fait paraître sur le site xyz. En effet, vous rechercher un directeur régional pour étendre votre activité sur la région xyz, et je suis à la recherche d'une nouvelle opportunité.

J'ai cru comprendre que vous désirez travailler avec un acteur d'expérience dans le domaine de l'import/export asiatique, ce qui est une de mes spécialités depuis plus de dix ans.

Veuillez trouver mon curriculum en pièce jointe de cet email, et serais ravis de pouvoir vous en dire plus sur mon expérience lors d'un entretien.

Cordialement,

Monsieur Intel »

## 7) Comment postuler, faire repérer votre candidature

Les recruteurs préfèrent toujours convoiter un candidat déjà employé, qu'un candidat au chômage. Je ne m'étendrais pas sur les raisons qui les poussent à ce comportement, mais plutôt sur la manière de tirer avantage de cette information. Lorsque vous quittez votre poste pour un autre, ne vous ruez pas sur votre LinkedIn pour informer toute la terre que vous êtes au chômage et que vous attendez que le téléphone sonne en regardant la tv.

Faite plutôt les choses discrètement en affichant par exemple un message de statut tel que « ouvert à de nouvelles opportunités », sans pour autant indiquer très clairement que vous n'êtes plus en fonction. Lorsque vous postulez, ou que vous vous faite approcher spontanément, jouez la carte du planning serré. Expliquez que vous ne pouvez pas être disponible à n'importe quel moment pour la raison que vous êtes toujours en fonction dans votre société.

Cela vous laissera une excuse pour vous faire rappeler plus tard, dans le cas où vous ne vous sentiriez pas à votre avantage au moment du coup de fil. Cela montre aussi que vous n'êtes pas désespéré, et que vous cherchez un poste qui vous correspond. Dans le cas où vous voulez éviter que le recruteur appel votre ancien employeur pour une recommandation, expliquez lui que vous êtes toujours en poste, et que vous ne souhaitez donc pas en parler à votre actuelle direction, avant d'être sur de concrétiser l'entretien par une proposition.

Cette stratégie vous donne l'avantage de ne pas vous faire découvrir dans votre bluff, et en même temps d'éviter le traditionnel coup de fil de recommandation. Vous faites donc d'une pierre deux coups. Un autre avantage, est que vous mettez une pression de timing à votre recruteur. En effet, si le poste vous intéresse, et que vous lui tapez dans l'œil, vous pouvez jouer le volatile en expliquant que vous avez actuellement plusieurs ouvertures, et que vous souhaitez être convoqué rapidement à un entretient face à face dans les rares fourchettes de temps que vous avez de disponibles.

Appliquer cette contrainte au recruteur, vous permet de prendre la température et de juger de l'intérêt qu'il a pour vous avant même de vous avoir accordé l'entretien face à face. Si il accepte de vous rencontrer sellons vos conditions, vous pouvez considérer que vous démarrez votre entrevue en situation d'avantage.

Si le poste ne vous a pas totalement convaincu, et que vous avez une autre piste sur le feu, augmentez la pression en demandant une fourchette de salaire. Ce pourrait être mal vu et interprété comme un comportement vénal si vous êtes au chômage, alors que cela peut être considéré comme une décision stratégique si vous êtes toujours en poste. D'où les multiples avantages à prétendre être toujours en poste au moment de votre recherche.

Tant qu'à faire, jouer le bluff jusqu'au bout et demandez d'avance la nature du contrat. Expliquez que vous êtes actuellement en CDI et que vous ne comptez pas démissionner pour une situation plus précaire ou moins avantageuse au niveau salariale que votre situation actuelle.

Préférez passer un coup de fil avant d'envoyer votre package, lettre de motivation + cv. Vous pouvez prétendre vouloir vérifier que l'offre d'emploi est toujours d'actualité. En fait ce que vous intéresse, c'est d'établir un contact humain avec le recruteur, lui faire entendre votre voix et votre ton assuré, et jouer de cet ancrage émotionnel en votre faveur. Présentez-vous en donnant votre nom et une description très brève et avantageuse de votre poste actuel, et posez quelques questions de base sur le poste que vous convoitez. Prévenez le recruteur que vous allez lui faire parvenir votre candidature, et que vous restez à sa disposition s'il souhaite vous recontacter.

Il se peut qu'il se montre particulièrement intéressé, et vous demande d'en dire plus sur vous-même. Si cette situation se présente, considérez des lors que ce coup de fil se transforme en entretien. Démarrez doucement pour ne pas assommer l'interlocuteur avec une soudaine argumentation longue et fastidieuse. Marquez des pauses, et laissez-lui des occasions de reprendre la parole. S'il s'efface devant vous, continuez plus en détails votre argumentation et votre « histoire » (voir étape numéro 2). S'il se montre plus ou moins impatient, trouvez une manière élégante d'abréger votre histoire, et de lui trouver une fin rapide, logique et concluante afin de ne pas déranger plus longtemps le recruteur.

Quel que soit la situation dans laquelle vous vous trouvez, terminez la conversation sur un ton enjoué, polis et agréable. Ne demandez pas au recruteur sous quels délais vous pouvez espérer être recontacté. Cela démontre que vous essayez de lui forcer la main, et que vous êtes pressé dans votre recherche.

La plupart des réponses automatiques par email, vous informent que si vous n'êtes pas recontacté dans les trois semaines à venir, vous pouvez considérer votre candidature comme refusée. Dans la réalité, si vous n'avez toujours pas de nouvelles au bout de sept jours ouvrés, oubliez cette offre de votre TOP Ten, et continuez d'envoyer vos candidatures. Il est inutile d'envoyer un email de relance. Les recrutements sont organisés par des professionnels rémunérés pour cette activité, et ils reçoivent et lisent toutes les candidatures sérieuses et intéressantes.

Si vous vous placez dans cette catégorie, vous serez très vite recontacté. En règle générale, si vous avez fait bonne impression et que la société recherche activement, vous serez recontacté dans les deux jours. Si vous décrochez un entretient, comptez une semaine de délais. L'objectif en début de recherche (les dix premiers jours ouvrés), est de décrocher un maximum d'entretiens face à face pour les dix prochains jours ouvrés à venir.

Si vous finalisez correctement la phase de recrutement, vous pouvez être recruté immédiatement, ou à la fin du mois calendaire. Nous allons justement voir dans la prochaine étape comment « *Décrochez rapidement un entretien face à face* ».

## 8) Décrochez rapidement un entretien face à face

Décrocher un entretien avec un recruteur, c'est un peu comme décrocher un rencard avec une femme. Il faut montrer un intérêt subsentiel tout en étant détaché. Ne montrez pas que vous considérez l'entretien comme une étape à franchir, mais plutôt comme un rendez-vous de convenance vous permettant de mieux vous rendre compte du poste et de l'entreprise dans laquelle vous seriez éventuellement intéressé à travailler sur l'entretien vous a convaincu.

C'est dans cette optique que vous devez vous placer, jusqu'à l'étape de négociation finale. Si vous avez quelque chose qui intéresse la société, le recruteur vous le laissera probablement voir dans son attitude. Il sera ouvert, tentera moins souvent de vous piéger ou de vous intimider, et s'intéressera a des éléments concret de votre expérience, plutôt que de focaliser sur le vôtre passif.

Si au contraire celui-ci tente de vous contredire implicitement et vous piéger à chaque question, ce qui peut être le cas lors d'un entretien avec une agence non sérieuse (voir étape 3), considérez qu'il n'aura pas de débouché sérieux à cet entretien. Soit le recruteur a été particulièrement déçu par votre prestation, ou le feeling n'est pas passe, ou bien vous êtes en face d'une agence qui cherche simplement à remplir sa base de donne de cv.

Si l'entretien tourne à cette situation, gardez votre calme, et répondez aux questions en posant des questions à votre tour. Piégez le recruteur en l'obligeant à vous donner des informations concrètes sur le poste. Il vous répondra à coté, et éludera les questions, ou répondra à vos questions par des réponses insatisfaisantes. Faite lui comprendre que ces propositions ne vous intéressent pas car leur profil est trop bas et/ou inadapté par rapport à votre ambition de carrière. De cette manière, vous pouvez garder la face, et gagner en valeur de crédit même dans une situation qui ne tourne pas à votre avantage. Demandez à votre interlocuteur de retirer votre cv de sa base de donnée et dite lui que vous reviendrez éventuellement vers lui si une de ces offres vous intéresse.

De cette manière, vous ne permettez pas à cette agence de profiter de votre cv, et le recruteur sait qu'il devra vous approcher avec une proposition sérieuse s'il désire vous compter parmi ses inscrits.

Lors de l'entretien téléphonique, contentez-vous d'être constant dans votre voix, et dans vos affirmations. Le téléphone ne vous permettant pas de vous aider de la gestuelle et des expressions non verbales, il est cruciale pour vous de rester simple et claire dans votre exposé orale. Soyez un peu plus énergique de d'habitude, sans paraitre trop bout en train. Prenez au moins une seconde de temps de pause avant de répondre a une question, et évitez de vous précipiter.

Callez-vous sur le rythme de parole de votre interlocuteur, et entrez dans des explications plus détaillées si ce dernier vous le demande, ou si il vous laisse implicitement un grand espace de parole. Il saura remarquer cette capacité de synchronisation et l'apprécier beaucoup plus que si vous lui faite un énoncé de vos qualité personnelles.

Trouvez au moins deux occasions de rire au téléphone, et évitez de répéter les mêmes mots, ou les tics verbaux. Ne soyez pas plus familier que vous ne le seriez en entretien face à face. Poser des questions sur les routines de travail, les processus, la philosophie de la société. Dans le meilleur des cas, le recruteur comprendra que c'est à son tour de vous convaincre, oubliera un peu de focaliser sur vous, et fera une présentation de la société et des avantages du poste à pourvoir.

Si vous arrivez à ce stade, vous pouvez considérer que l'entretien face à face est pratiquement gagné. Le recruteur ne perdrait pas son temps à poursuivre une argumentation téléphonique s'il n'avait pas dans l'idée de poursuivre le processus de recrutement. Montrez-vous intéressé sans l'interrompre, et quand il arrive à la fin de sa présentation, dite lui que vous seriez intéressé a un entretien face à face, et demandez-lui ses disponibilités.

A ce moment, il devrait reprendre les devants, et vous donner un programme pour la suite. S'il ne veut pas tout de suite vous donner une date, il vous donnera probablement un délai de convocation ultérieure, ou d'un deuxième entretien téléphonique avec un responsable. Lorsque vous aurez passé cette dernière formalité, vous serez convoqué à un entretien d'embauche. Il faut au préalable vous y préparer, et nous allons voir comment se déroule ce processus de préparation à l'étape numéro 9, *« Incarnez le profil idéal »*.

## 9) Incarnez le profil idéal

Vous avez déjà surement passé un entretien ou l'on vous demande ce qui vous motive à postuler pour telle société plutôt qu'une autre. Il faut être réaliste, vous ne pouvez pas dire de but en blanc au recruteur que de toute manière vous avez postulé a toute les annonces possible et que celle-ci n'est qu'une option parmi tant d'autres. Vous devez saisir cette occasion pour valoriser l'entreprise et l'offre d'emploi, sans pour autant avoir l'air de flatter le recruteur.

Vous devez donc être capable d'incarner « le profil idéal du candidat parfait ». Cela fait beaucoup de superlatif pour une seule qualité. Mais en définitive, si vous voulez être capable d'incarner le candidat parfait, il faut que vous compreniez parfaitement ce que recherche l'entreprise, et l'idée qu'elle se fait du candidat idéal. La première étape dans cette démarche peut paraitre surprenante, il s'agit de demander au recruteur par une question très franche, ce qui constitue pour lui le candidat idéal. Vous pouvez le faire lors des entretiens téléphoniques.

Arrangez-vous pour poser la question lorsque celui-ci vous en laissera l'occasion, en vous proposant par exemple de le questionner sur l'entreprise et le poste à pourvoir. Il appréciera probablement cette approche, en comprenant que vous tentez de vérifier votre compatibilité avec le poste à pourvoir et les exigences du management.

Notez les points clefs de sa description du candidat idéal.

Ceci étant fait, il va falloir enquêter vous-même sur l'entreprise et si possible sur ses employés, sur les standards de l'industrie dans laquelle vous travaillez (manière de s'habiller, de s'exprimer, les mots clefs du domaine en question etc...), sur le jargon du métier, sur les différentes spécialisations, a quoi ressembles ces spécialistes et quels sont leur parcours, en quoi votre parcours ressemble aux leurs, en quoi vous auriez un plus à apporter par rapport aux autres.

Pour ce faire, allez visiter le site web de l'entreprise, observez les polices et illustrations utilisées sur le site officiel, demandez-vous quel message elles renvoient. Tapez des mots clef en relation avec l'entreprise et le poste afin de trouver des traces d'employés du service qui vous intéresse ou des anciens ayant travaillé dans cette société.

Regardez s'ils existent sur internet, la manière dont ils présentent leur image, et copiez-les. Trouvez des documents photo et vidéo ou vous pouvez observer des gens du métier s'exprimer (interview, reportage, visite de locaux de l'entreprise, travail et blog personnels etc...). Observez leur tenue vestimentaire, leur manières, leur habitudes, leur default et leur qualités apparentes et copiez les toutes.

Renseignez-vous sur ceux qui ont quitté l'entreprise et passez en revue leur parcours d'évolution (réseau sociaux perso et pro, compte facebook etc...). Si leur parcours est valorisant, la société qui vous intéresse est probablement un bon tremplin professionnel. Regardez des reportages sur votre secteur de travail et sur l'entreprise en question, participez à des salons gratuits, ou des forums sur internet, ou vous pouvez rencontrer d'autres professionnels et discutez avec eux du marché actuel pour vérifier que vous êtes bien à la page, et que votre argumentaire correspond au format du métier.

Entrainez-vous mentalement à vous projeter dans la peau de ce candidat idéal. Faite une synthèse des informations que vous avez obtenu du recruteur, celles que vous avez trouvés sur l'entreprise, et les profils d'individu du métier que vous avez pu observer. A partir de là, à vous de rentrer dans la peau du candidat idéal, pendant l'entretien face à face. Pour cela, suivez les instructions de l'étape numéro 10, *« Vendez-vous comme un produit ».*

## 10)     Vendez-vous comme un produit

Si vous avez scrupuleusement suivis chacune des étapes précédentes, vous devriez maintenant avoir quelques entretiens (deux ou trois pistes sérieuses suffisent) de bookés pour les semaines avenir. C'est votre dernier rush. Il va falloir mettre le paquet parce que vous n'aurez pas le temps de refaire tout le cycle de recrutement s'il ne vous reste qu'une semaine avant la fin du mois. Rappeler-vous que l'objectif est de décrocher un emploi en moins d'un mois.

Maintenant que vous allez pouvoir argumenter en face à face, il est temps de comprendre et assimiler le comportement gagnant qui va vous permettre de convaincre le recruteur. Pour arriver à cette performance, il ne faut pas vous contenter de répondre aux questions du recruteur de manière formelle. Chaque de ces questions est à considérer comme un tremplin. Il vous tant une perche, il a le temps qu'il faut pour vous écouter (en général minimum une heure), il faut donc en profiter pour prendre le temps d'argumenter en votre faveur, et vous vendre comme si vous étiez un commercial qui cherche à vendre un produit a son client.

Les premières questions doivent vous permettre de prendre la température globale. Quel est le ton de l'entretien, détendu, arrangeant, intéressé, ou au contraire, stricte, non chaleureux, peu de sourires échangés etc... Quoi qu'il en soit, le recruteur peu toujours jouer un rôle pour essayer de vous déstabiliser et vous sortir de votre zone de confort.

Il peut tour à tour jouer le rôle du flic gentil et du flic méchant lors d'un même entretien. Cette attitude sert à tester votre réaction face à l'adversité, à voir si vous

vous laissez abattre rapidement et si vous avez un bon contrôle de vos émotions. Toutes ces qualités sont nécessaires pour interagir avec vos futurs clients, partenaires, collègues. Il faut donc rester implacablement dans votre format d'argumentation.

Restez « vendeur ». C'est-à-dire positif sans en faire trop, soyez franc, et écouter **TRES** attentivement tout ce que le recruteur vous dis. Mieux vous écoutez, plus vos réponses ne seront adaptées. De plus, il ne s'agit pas de répondre du tac au tac comme si vous aviez appris votre discours par cœur, mais d'interagir avec le recruteur, de réfléchir à ce que vous allez lui dire, et de pouvoir lui dire à votre manière ce qu'il veut entendre du candidat idéal. Si vous n'êtes pas sûr d'avoir compris une de ces questions ou observations, posez-lui des questions spécifiques afin de bien comprendre ce qui est dit.

Il appréciera cette réaction si elle n'est pas systématique (faite quand même l'effort de comprendre par vous-même, et laissez de côté les détails que vous ne comprenez pas très bien mais qui vous semblent pas très important sur le moment), car cela démontre que vous êtes attentif à ce qu'il dit et que vous prenez pare a la conversation plutôt que de rester ferme sur votre argumentaire.

Lorsque vous venez de terminer une argumentation, et si le recruteur prend des notes sur ce qui a été dit, ne laisser pas à chaque fois un blanc de 10 secondes le temps que le recruteur passe à une autre question. Essayez de combler tranquillement ses blancs s'ils durent plus de deux ou trois secondes, en parlant de choses peu importantes et qui ne nécessitent pas son attention, mais qui apportent une conclusion douce à ce que vous venez de dire.

Ainsi, vous aurez moins l'air d'un ados qui passe une interro orale, vous gagnerez plus de crédit en ayant l'air d'avoir le « lead » de la conversation en démontrant que vous êtes à l'aise dans le contexte d'un challenge professionnel. Vous pouvez suer abondamment sous les bras, avoir la gorge serre, mal au ventre, peu importe, à partir du moment où vous ne laissez pas le recruteur s'en apercevoir.

Il faut que vous puissiez vous contrôler comme un joueur de poker. Adoptez une attitude neutre/positive tout au long de votre entretien. Relâchez-vous dans les moments ou le recruteur vous y encourage par un sourire ou une petite plaisanterie. Gardez toujours votre assurance lorsque le recruteur vous met la pression, pensez à sortir vos argumentaires préparés lorsque le recruteur invoquera vos points faibles. A chaque fois que le recruteur vous attaquera, voyez ces offensives comme des opportunités de vous vendre comme un produit. Si vous êtes capable de rebondir a des tentatives de déstabilisation par des argumentaires positif et en plaçant le contexte dans une optique gagnant-gagnant pour vous et la société, alors vous aurez toutes vos chances de séduire le recruteur.

Je vais vous aider par quelques exemples, à comprendre comment enjoliver la réalité sans mentir. Nous allons aborder cette technique dans l'étape suivante : *« Enjolivez la réalité sans mentir. »*

## 11)    Enjolivez la réalité sans mentir

Pour appuyer votre discours vendeur, il faut savoir enjoliver la réalité. Si vous ne savez pas comment faire, prenez exemple sur ceux qui maitrisent le domaine. Observez la manière dont communiquent les grands groupes sur leurs services et produits. Vous êtes probablement client de plusieurs de ses grands groupes (téléphonie, accès internet etc...), et vous savez que leurs produits et services sont loin d'être parfaits.

Pourtant, leur communication est très positive et enjolivée. Vous connaissez l'envers du décor, et les problèmes techniques qui peuvent exister, mais ils trouvent le moyen de vous rassurer en utilisant certaines mise en situation, certains mots, et en étant proactif sur tous les points de questionnement que vous pourriez avoir sur le sérieux de leur proposition. Il faut utiliser la même stratégie. Le recruteur sait que vous n'êtes pas parfait, il cherche à ce que vous soyez capable de le convaincre. Si il vous a convoqué en entretien, c'est pour vous donner une chance de le contredire de manière approprie sur ses craintes, de confirmer sa vision positive de vous, et de le rassurer sur l'avenir.

Il est crucial de ne jamais mentir, parce que c'est malhonnête et dans le monde de l'entreprise il faut jouer légalement, avec les règles du jeu. Il faut aussi comprendre que si vous trahissez l'entreprise, elle pourra vous le rendre plus tard. Je vais vous donner quelques exemples sur la manière d'enjoliver une situation sans mentir.

## Mise en situation :

Vous avez dix ans d'expérience, et vous avez changé d'entreprise chaque année, ce qui fait beaucoup de turn-over dans votre cv.

## Attaque du recruteur :

- « Monsieur xyz, vous avez travaillé pour huit sociétés ces dix dernières années. Avez-vous du mal à vous stabiliser dans une entreprise et à construire dans la durée » ?

## Commentaires :

*Vous avez peut-être enchaîné les CDD dans divers job alimentaires, ou peut-être eu successivement des soucis d'intégration, ou vous avez tout simplement cherché à* casser la routine en changeant régulièrement d'atmosphère.

Quoi qu'il en soit, ce ne sont pas des choses à évoquer devant le recruteur. Il faut donc enjoliver la réalité, et trouver une manière positive de justifier ces expériences successives.

**<u>Votre contre-attaque positive :</u>**

- « **En effet,** *(confirmation, synchronisation avec le recruteur. Evitez de démarrer votre contre-attaque sur la défensive ou sur une pointe négative),* **depuis ces dix dernières années ou j'ai exercé en tant que directeur commercial**, *(vous appuyez de manière indirecte votre expérience, en faisant référence à une notion de longévité dans le temps)* **j'ai eu l'occasion de m'enrichir par diverses expériences.** *(vous tournez immédiatement l'attaque du recruteur comme étant un avantage, une qualité). Vous poursuivez cette phrase d'introduction par votre contre-attaque à proprement parler.*

- **Si l'on observe mon schéma de carrière et qu'on le divise en deux parties,** *(vous fractionnez votre carrière en deux pour vous* *rendre la tâche plus facile et faire comprendre au recruteur que vous êtes dans une phase de transition, que vous recherchez quelque chose de plus stable et que vous n'avez pas l'intention de quitter votre future compagnie à court terme. Cette approche sert à rassurer le recruteur sur votre fidélité)* **je dirais que j'ai dans un premier temps chercher à gagner un maximum d'expérience en me diversifiant, et en acceptant les nouvelles opportunités comme de nouveaux défis a relever pour mon début de carrière.** *(vous tournez complètement la situation a votre avantage, en décrivant votre première partie de carrière comme étant utile et justifié, et en laissant comprendre au recruteur que vous avez fait ces choix en connaissance de cause, afin d'apporter une valeur ajoute aux entreprise pour lesquelles vous délivrez votre expertise.)*

- **Aujourd'hui,** *(en démarrant votre phrase de la sorte, vous faite comprendre au recruteur que* *vous revenez dans l'espace-temps présent. Implicitement, il doit comprendre que vous faite référence a votre deuxième partie de carrière)* **je suis dans une optique de délivrance d'expertise. J'ai envie d'offrir à une entreprise mon expérience, construire une carrière sur du long terme, et pouvoir m'épanouir dans divers projets internes** *(Par cette conclusion charismatique, vous faite comprendre au recruteur plusieurs éléments importants. Vous êtes quelqu'un d'expérience, et non pas un « infidèle ». Vous êtes dans une période de transition, le recruteur peut donc considérer que votre volatilité d'avant, c'est du passé. Enfin, vous lui faite comprendre que vous voulez bâtir une relation long terme, mais aussi avoir la possibilités d'évoluer au sein de la société et d'être mis à la charge de projets divers et varies, ce qui évite la routine).*

Si au contraire votre cv est un peu désertique, et que vous n'avez pas beaucoup d'expérience, misez sur une approche qualitative plutôt que quantitative. Voici un exemple.

## Mise en situation :

Vous avez à peine quatre années d'expériences, et vous avez travaillé pour deux sociétés. Votre cv est peu rempli, et le recruteur met l'accent sur votre manque d'expérience pour vous déstabiliser.

## Attaque du recruteur :

- « Madame xyz, après avoir terminé vos études de lettres modernes, vous avez travaillé deux ans dans une bibliothèque étudiante et un an et demis comme assistante scolaire. Pensez-vous avoir suffisamment d'expérience pour se poste de responsable administrative ? »

## Commentaires :

*Vous êtes désespérément à la recherche de votre premier « vrai boulot » depuis l'obtention de votre diplôme. Vous n'avez pas l'habitude des entretiens d'embauche, et votre manque d'expérience vous a valu d'être recalé a de* nombreuses reprises. Du coup, vous avez peut être choisis d'élargir votre cercle de recherche, afin de maintenir une situation financière correcte, le temps de trouver votre job idéal. Néanmoins, il est impossible de dire à un recruteur que vous êtes désespérément a la recherche d'une expérience valable pour votre carrière, et que jusqu'à présent vous ne vous étiez contente que je job alimentaires. Il faut enjoliver la réalité, et compenser votre manque d'expérience professionnel par vos expériences personnelles.

**Votre contre-attaque positive :**

- « **Je comprends votre question** *(toujours commencer votre contrattaque par une synchronisation positive avec le recruteur),* **et votre soucis d'engager quelqu'un de suffisamment mature pour ce poste de responsable administratif** *(Par cette deuxième partie de phrase, vous confirmer votre compréhension de son inquiétude, tout en valorisant sa remarque. Cela démontre aussi que*

*vous êtes suffisamment sur de vous pour accepter*
*une remise en question sur votre expérience, ce qui*
*augmente votre crédibilité et votre charisme).*

- **Depuis la validation de mon diplôme, j'ai minutieusement cherché à orienter mon expérience vers des domaines ciblés qui renforcent mon assise par rapport à mon domaine d'étude** *(A cet instant, vous misez un critère de qualité plutôt que de quantité. Vous tournez la situation a votre avantage en faisant comprendre au recruteur que vous avez choisis vos orientation, et qu'elles ne vous ont pas étés imposés par des pressions financières ou situationnelles. Ainsi, vous reconnaissez sans mentir que vous manquez d'expérience en tournant votre présentation de manière positive, il ne vous reste plus qu' a enfoncer le clou avec la deuxième partie de votre contre-attaque positive).*

- **J'ai eu l'occasion à plusieurs reprises de me confronter à des situations de responsabilités, ce qui me conforte dans mes aptitudes à prendre des décisions importantes.** *(Vous rassurez le recruteur sur son inquiétude, vous lui faite comprendre de manière* *proactive que vous pouvez vous mettre à sa place et savoir quels sont les risques qu'il peut prendre à vouloir vous recruter pour ce poste).*

- **J'ai notamment été responsable d'un projet d'étude commun pendant la validation de mon diplôme, ou j'ai pris l'initiative d'orchestrer l'organisation et la mise en œuvre d'une thèse consacrée à la langue française.** *(Vous concluez votre contre-attaque positive en allant chercher des exemples d'expérience personnelle qui vous permettent de compléter votre manque d'expérience professionnel sur le cv. Vous démontrez également au recruteur, que vous avez de la repartie et que vous ne perdez pas vos moyens, ce qui est important pour un poste de responsable).*

De manière générale, il est important de vouloir démontrer vos qualités en utilisant des opportunités de situation, que de vouloir les énumérer dans un dialogue à froid. Nous développerons ce point en détails dans la prochaine étape, *« Séduisez le recruteur ».*

## 12)     Séduisez le recruteur

J'aimerai revenir à un parallèle que j'avais fait plutôt entre la séduction amoureuse, et l'entretien avec un recruteur. Notons que dans mes termes, le recruteur est la personne décisionnaire avec qui vous passez l'entretien. Cela peut être un recruteur professionnel qui fait cette activité à plein temps, ou un employé expérimenté a qui l'on demande de participer à la session de recrutement, ou un membre de l'exécutif, selon le rang que vous occuperez dans la société.

C'est cette personne que vous devrez séduire. Attention, cela ne signifie pas que vous devrez fixer cette personne dans les yeux et ne vous adresser qu'à lui pendant l'entretien. Cela veut simplement dire, que vous devrez vous synchroniser en priorité avec cette personne, et prendre garde à le considérer en permanence comme étant le chef d'orchestre. Si il vous pose une question en même temps que quelqu'un d'autre, ignorez l'autre personne et répondez lui. Si au contraire il s'efface pour faire place à l'autre interlocuteur, suivez le mouvement et répondez à cette personne.

Utilisez tous les interlocuteurs disponibles dans la salle d'entretien à votre avantage, s'ils sont plusieurs évidements. Ecoutez les parler tous en même temps, et ne répondez qu'aux questions qui vous mettent en avant, et qui vous paraissent facile à aborder. Prenez la température de la personne décisionnaire, et callez tous les mots clefs que cette personne désire entendre, ou des mots qu'elle a utilisé elle-même, dans votre argumentaire.

Balayez doucement du regard l'ensemble des intervenants de manière plus ou moins aléatoire. Adressez-vous comme devant une assemblée, ne soyez pas intimide, imposez votre rythme de parole lorsque c'est à vous de vous exprimer. Adoptez le rythme dans lequel vous vous sentez à l'aise dans la vie de tous les jours et conservez une attitude respectueuse et dominante.

Si quelqu'un fait de l'humour et que tout le monde se met à rire, riez-vous aussi instantanément et légèrement plus fort que les autres. N'essayez pas de rebondir sur une plaisanterie, attendez simplement que quelqu'un reprenne le lead et vous invite à poursuivre votre argumentation, ou à répondre sur un autre sujet.

Vous devez également penser à adapter votre tenue vestimentaire, votre apparence physique, votre langage et votre gestuelle, au profil du poste que vous convoitez. Nous avons vu dans les étapes précédentes (étape numéro 9) comment aller observer les acteurs du métier et se calquer sur leur image pour incarner le profil idéal.

Vous devez donc à ce stade être conditionne a une parfaite immersion dans la peau de ce candidat idéal. Afin de vous remarquer, penser même à aller trouver une information que les autres n'ont pas, afin de montrer que vous êtes proactif et que vous savez surprendre. Ainsi, si à un moment donne vous êtes comparé à un autre candidat a compétences égale, le décideur retiendra toujours celui qui a apporté un plus et qui est sortis de la masse. Cette information doit être minutieusement choisie.

En effet, il faut que ce soit un fait exact pour ne pas perdre votre crédibilité plus tard. Il faut également que ce soit un fait établis, qui ne laisse aucune place à l'argumentation, la controverse, ou quelque objection qui pourrait casser tout votre argumentaire, et vous faire perdre le fil positif que vous avez entretenu depuis le début de l'entretien.

Le mieux, est de dénicher une information sur la concurrence directe. Cette information est à la foi utile, met permet aussi dès le début de générer un intérêt chez le recruteur, et également de créer un début de lien de fraternité corporative, puisque vous commencez déjà à « comploter » contre un ennemi commun alors que vous n'êtes pas encore officiellement admis dans « les rangs ».

L'information ne doit pas être trop complète, vous devez uniquement lui donner l'eau à la bouche, en lui faisant comprendre qu'en plus de vos compétences, vous avez aussi un début de stratégie qui peut être utilisable et profitable immédiatement par la société si elle décide de vous recruter. Pour terminer, et lorsque vous êtes invite à le faire, posez des questions clef sur la société. Et sur le poste à pourvoir.

Vous n'êtes pas vraiment intéressé par les réponses qu'ils vont vous donner. Ce que vous voulez, c'est faire passer un message à travers vos questions. Voici quelques exemples :

- **« Depuis quand votre société est-elle active sur ce secteur en particulier »** ?

  ➤ *Vous vous intéressez à la stabilité du marché, et donc vous laissez comprendre que vous envisagez une relation long terme avec cette société, que vous vous projetez dans l'avenir.*

- **« Est-ce qu'il y a des opportunités de progression dans l'entreprise, qu'elles soient verticale ou horizontales »** ?

  ➤ *Toujours dans un esprit de construction long terme, vous cherchez à savoir si des « portes de sorties » existent au sein même de l'entreprise. De nos jours, rien ne peut vous assurer qu'un marché perdurera éternellement, et il vaut mieux être prêt à accepter une reconversion si le secteur entre en crise.*

- **« Est-ce qu'il est bien perçu au sein de votre service de proposer des idées et des processus de manières spontanée »** ?

  ➢ *Il semble évident que personne ne vous reprochera de proposer des idées pour améliorer les affaires dans votre société. En posant cette question, vous envoyez deux messages. Le premier est que vous êtes discipliné, et que vous êtes prêt à respecter la politique de la société même si celle-ci est particulièrement rigide. Le deuxième message, est que vous êtes quelqu'un d'entreprenant, qui est prêt à proposer des solutions pour améliorer la qualité du travail dans l'entreprise.*

Je vous encourage à trouver vos propres questions « subliminales », qui servent à montrer votre sérieux de manière indirecte. C'est un point sur lequel je me permets d'insister.

Plutôt que de vous plier au jeu du « quels sont vos défaut et qualités », il est beaucoup plus habile et efficace de disséminer des « marqueurs » dans votre argumentation. Par exemple, si vous voulez faire comprendre que vous êtes ponctuel, trouver une anecdote qui démontre indirectement cet aspect de votre personnalité.

Vous pouvez ainsi raconter à quel point votre expérience passée était instructive, lorsque vous étiez au bureau à six heures du matin pour encadrer des évènements promotionnels. Raconter votre expérience, tout en insistant sur l'aspect carré de votre organisation. Il ne sera pas difficile pour le recruteur de comprendre que vous êtes quelque un de ponctuel.

Vous pouvez ainsi trouver des anecdotes de vos expériences pour mettre en avant vos qualités sans avoir à les énumérer. Cette technique de promotion indirecte est particulièrement efficace et est même utilisée par les grands groupes pour mettre en avant leurs marques dans des contextes non publicitaires.

Assemblez toutes ces astuces en une présentation dynamique et cohérente, et vous serez pratiquement assuré de décrocher votre job idéal.

Nous allons terminer par la dernière phase mais pas des moins importantes, qui est la négociation de salaire à l'embauche. Nous conclurons ensuite par un récapitulatif, et une méthodologie de contrôle du timing. Je vous souhaite une agréable lecture de cette dernière étape, « **Négociez votre salaire d'embauche au bon moment** ».

## 13) Négociez votre salaire d'embauche au bon moment

Contrairement à ce que vous pouvez penser, la négociation de salaire démarre dès les premières minutes de votre entretien. Imaginez-vous dans un jeu télévise. A chaque fois que vous marquez des points, vous gagnez potentiellement un bonus de négociation salaire. A l'inverse, à chaque fois que vous commettez une faute qui vous fait perdre du crédit, vous resserrez la tranche de salaire.

Pensez à la vente d'un produit ou d'un service. Plus celui-ci a l'air d'être un produit de qualité, par sa finissions, sa robustesse ou sa technologie, et plus le client sera prêt à investir un prix conséquent. Au contraire, si le produit parait bon marché, personne n'accepterai d'y mettre plus que le prix qu'il ne vaut.

Pendant votre entretien, évaluez votre performance, les points que vous pensez avoir remportés et ceux que vous avez éventuellement perdus par inadvertance ou en étant tombé dans une petite question piège. Notez-vous sur une échelle de un à dix. Si vous atteignez le maximum, et que votre expérience correspond au poste, demandez le maximum de la tranche salariale que vous estimez réaliste. Pour établir cette fourchette salariale, prenez en compte vos années d'expérience, votre niveau d'expertise, et les statistiques de salaire moyen de votre secteur de travail. Jugez de la santé de votre nouvelle société, en gardant à l'esprit que si elle vous embauche, c'est par définition qu'elle a les moyens d'investir, et se considère comme étant dans une phase d'expansion. Si vous vous évaluez à cinq ou en dessous, demandez la moyenne salariale en vigueur.

La problématique qui revient le plus souvent lorsque l'on parle de négociation salariale, c'est le timing.

- **A quel moment parler salaire ?**

- Tout dépend de votre approche de départ. Si le recruteur est venu vers vous spontanément, vous avez l'avantage de supériorité situationnelle. Vous pouvez immédiatement lui demander une tranche de salaire avant de répondre a sa proposition écrite ou orale.

- Si au contraire le recruteur est revenu vers vous après votre candidature, il devient plus difficile de parler salaire sans avoir l'air vénal. Si vous êtes dans cette situation, attendez que le recruteur aborde le sujet.

- Si vous décidez de faire savoir/croire au recruteur que vous êtes actuellement toujours en poste, vous pouvez aborder le sujet du salaire dès le deuxième entretien. Vous pouvez justifier cet intérêt précoce en expliquant que vous devez être capable de prendre une décision comparative par rapport à vos conditions de travail actuelles.

- Enfin, si vous n'êtes déjà plus en poste et que vous ne souhaitez pas bluffer, préférez jouer les prolongations. Vendez-vous un maximum et faite tout pour retarder la discussion salaire jusqu' au dernier moment. Le but est de séduire un maximum le recruteur avant d'aborder la question. Ainsi, il sera plus difficile pour lui de vous refuser une fourchette de salaire exigeante si il vous a déjà fait passe trois entretiens et que vous l'avez convaincu a chaque des étapes.

# Conclusion

« Maintenant que vous avez en main tous les éléments nécessaire pour un cycle de recrutement optimal, vous devriez être en mesure de trouver votre job idéal en moins d'un mois.

Il est évident que votre motivation, persévérance et conviction sont les éléments de bases qui détermineront votre succès.

Je vous recommande de vous concentrer sur votre TOP Ten les dix premiers jours ouvrés, et d'élargir votre cercle de recherche à partir du moment où vous n'avez plus d'offres disponibles dans votre domaine, ou si vous n'avez pas réussis à décrocher une date d'entretien.

Anticipez le fait que lorsque vous venez de perdre votre emploie, vous passerez probablement par une période de baisse de morale, voir une mini-dépression, ce qui est normal. Supportez cette période de votre vie en restant focalisé sur ce que vous désirez obtenir, et gardez confiance en vous quoi qu'il arrive. »

Gabriel T. Josephson

*Coach en Développement Personnel et Méthodologies Transformationnelles*

*www.institut-ih.com*

www.ingramcontent.com/pod-product-compliance
Lightning Source LLC
Chambersburg PA
CBHW071256170526
45165CB00003B/1369